의사의 눈으로 본
지상 최대 여덟 가지 복

순례자를 위한 팔복 묵상

저자 **전재규**는

경북대학교 의과대학을 졸업하고 템플대학교 의과대학과 계명대학교 의과대학에서 의사로, 교수로 헌신했다. 그리고 계명대학교 의과대학장으로 그리고 한국의료윤리교육학회 회장 등을 역임하며 한국의 의료발전을 위해 일했다. 학교의 소명을 마친 후에는 대신대학교 총장과 한국 호스피스 협회 이사장 등으로 재직하며 교회와 교계의 부흥과 성장을 위한 중책을 맡았다. 현재 사단법인 한국순례길 이사장으로 헌신하며 한국교회와 성도들의 신앙과 영성을 깊이하는 일을 위해 수고하고 헌신하고 있다. 저서로는 『의사의 눈으로 본 십계명』(생명의 말씀사), 『전인치유, 현대과학 그리고 성경』(이레서원), 『대구 3.1운동의 정체성』(뉴룩스), 『청라정신과 대구 경북 근대문화』(우리시대), 『향기 짙은 인생 여정』(휴먼앤북스) 등이 있다.

순례자를 위한 팔복 묵상
의사의 눈으로 본 지상 최대 여덟 가지 복

초판 1쇄 2025년 5월 12일

저　자: 전재규
편　집: 정부선
디자인: 양재봉
펴낸이: 강신덕
펴낸곳: 도서출판 토비아
등록: 107-28-69342
주소: 03383) 서울특별시 은평구 은평로 21길 31-12 4층
　　　T 02-738-2082 / F 02-738-20

ISBN: 979-11-91729-31-3

*책값은 뒷표지에 있습니다. 무단 전제와 복제와 배포를 금합니다.
*각 장의 내용과 본문의 성경본문은 대한기독교서회 『개역개정판』을 사용하였습니다.
*각 장 첫 서두의 성경본문은 KJV 버전을 저자가 임의 번역한 것입니다.
*도서출판 토비아는 토비아선교회가 순례, 말씀사역, 콘텐츠선교를 위해 세운 출판브랜드입니다.

의사의 눈으로 본
지상 최대 여덟 가지 복

순례자를 위한 팔복 묵상

전재규 지음

도서출판 토비아

목차

추천사
이동원 목사 ● 6
홍정길 목사 ● 8

프롤로그
천국을 향하는 이들을 위한 지상 최대의 복 ● 11

첫 번째 복
심령이 가난한 자는 복이 있나니
천국이 그들의 것임이요 ● 21

두 번째 복
애통하는 자는 복이 있나니
그들이 위로를 받을 것임이요 ● 35

세 번째 복
온유한 자는 복이 있나니
그들이 땅을 기업으로 받을 것 임이요 ● 49

네 번째 복
의에 주리고 목마른 자는 복이 있나니
그들이 배부를 것임이요 ● 63

다섯 번째 복
긍휼히 여기는 자는 복이 있나니
그들이 긍휼히 여김을 받을 것임이요 ● 77

여섯 번째 복
마음이 청결한 자는 복이 있나니
그들이 하나님을 볼 것임이요 ● 91

일곱 번째 복
화평하게 하는 자는 복이 있나니
그들이 하나님의 아들이라 일컬음을 받을 것임이요 ● 105

여덟 번째 복
의를 위하여 박해를 받은 자는 복이 있나니
천국이 그들의 것임이라 ● 121

에필로그
지상 최대의 복을 묵상한 이들을 위한
예수님의 실천 제안: 소금과 빛 ● 135

부록:『지상 최대 여덟 가지 복』과 함께 걷는
  기점·소악도 열두사도 순례길 안내 ● 145

추천의 글

행복의 구도자들을 위한 책

전재규 박사님은 평생 의사로 교육자(신학교 총장)로 민족을 섬겨오셨고 황혼녘엔 한국 순례길 이사장으로 섬기고 계십니다. 지금도 대구 계명대학 동산병원 청라언덕을 방문하면 전재규 박사님이 친히 사람들에게 순례의 길잡이로 복음이 이 땅에 끼친 영향을 열정적으로 안내하시는 모습을 어쩌면 보실 수 있습니다.

팔복은 예수님의 위대한 행복론이라고 할 수 있습니다. 수많은 설교자가 팔복을 설교했고 저도 그중의 한 사람입니다. 그러나 『지상 최대 여덟 가지 복』은 정말 전 박사님의 믿음 위에 의학적 통찰로 빚어낸 아주 특별한 행복 교과서입니다.

이 책은 단순한 성경 강해가 아니라 평생 이 땅 민중들의 마음과 몸을 만지며 그들의 행복을 빌어 온 소명 받은 의사의 치료 교과서이기도 합니다. 저는 팔복 길을 걷게 될 수많은 행복의 구도자들과 성경 팔복의 메시지를 치유의 관점에서 묵상하고 인류를 섬기고자 하는 모든 동역자들에게 이 책의 일독을 권합니다.

처음 이 메시지를 받던 팔레스타인의 민중들과 예수의 제자들에게 하늘이 열리고 하늘나라가 임하던 그 축복과 은총이 함께 하시기를 기원합니다.

함께 팔복 길, 천국 길을 걷는 순례 동역자,

이동원 목사
지구촌 목회리더십 섬김이

추천의 글

믿음의 길을 걷는 이들을 위해

전재규 장로님의 귀한 묵상 글을 마주할 수 있게 되어 기쁩니다. 전재규 장로님은 하나님 부르신 소명에 순종하며 평생 의료, 봉사 그리고 선교 사역에 헌신해 오셨습니다. 그뿐이 아닙니다. 장로님은 한국교회 목회자 양성에 막중한 책임이 있는 신학교 운영과 발전을 위해서도 적극 참여하셨습니다.

장로님의 젊은이와 같은 열정은 놀랍습니다. 장로님은 평생에 배움과 실천, 나눔과 헌신에 최선을 다하셨으며 누구보다 솔선수범하셔서 저 같은 목회자들에게조차 귀감이 되셨습니다. 지금도 장로님과 함께하고 동행하는 자리에서 저는 장로님의 앞선 헌신과 깊은 지혜에 감탄하며 배우는 자의 자리를 자처합니다.

장로님께서는 독자에게 깊은 감동이 될 『지상 최대 여덟 가지 복』이라는 제목의 멋진 책을 출간하셨습니다. 최근 장로님께서 사역으로 집중하고 계신 국내 순례길에서 쓰여지기를 바라는 마음이시지요. 이 책이 예수님의 산상수훈, 팔복을 다루는 점에서 저는 감사했고 책의 전개와 내용의 깊이와 넓이에 감동과 존경의 마음을 품었습니다.

오늘, 길을 잃은 사람들이 많습니다. 교회는 그들에게 믿음의 순례길을 제안해야 합니다. 믿음의 선진들이 말씀과 계시를 따라 걸었던 그 길을 추체험하는 가운데 잃었던 것, 외면했던 것들을 되찾게 하는 일입니다. 장로님의 이 책이 초석이기를 바랍니다. 이 책을 손에 든 순례자들이 하나님과, 이웃과 자신을 향한 은혜로운 회복과 부흥을 경험하기를 바랍니다.

전재규 장로님의 순례자를 위한 팔복 묵상집 발간을 진심으로 축하 드립니다.

홍정길 목사
밀알복지재단 이사장 섬김이

the Eight Greatest Blessings on Earth

Prologue

천국을 향하는 이들을 위한 지상 최대의 복

프롤로그

천국을 향하는 이들을 위한 지상 최대의 복

마태복음 5장 1~2절
그분께서 무리들을 보시고 산에 올라가 앉으시니
그분의 제자들이 그분께 나아오매
그분께서 입을 열어 그들을 가르쳐 이르시되,

And seeing the multitudes, he went up into a mountain:
and when he was set, his disciples came unto him:
And he opened his mouth, and taught them, saying,

예수께서 갈릴리 북쪽의 작은 언덕에 오르셔서 제자들과 무리를 향해 처음으로 입을 여신 말씀이 있습니다. 그것이 바로 마태복음 5장에서 7장에 이르는 산상수훈이며, 그 첫머리에는 '팔복'이라 불리는 여덟 가지 복의 선포가 있습니다. 이는 단순한 교훈이 아니라, 하나님 나라의 백성으로 살아가는 이들의 존재 방식이며, 이 땅을 살아가는 순례자의 삶을 설명하는 천국 시민 헌장입니다.

팔복은 하늘의 문을 열어 땅에 복을 내리는 은혜입니다. 팔복은 땅의 눈물을 안고 살아가는 이들에게 하늘을 바라보게 합니다. 그 시작은 "심령이 가난한 자는 복이 있나니 천국이 그들의 것임이요"이며, 마지막은 "의를 위하여 박해를 받은 자는 복이 있나니 천국이 그들의 것임이라"는 말씀으로 닫힙니다. 처음과 끝이 모두 "천국이 그들의 것"이라 선언하는 이 구조는, 팔복이 하나님 나라의 문에서 시작하여 그 나라의 완성에 이르는 순례자의 여정을 담고 있음을 보여줍니다.

| 땅과 하늘이 만나는 복

우리는 종종 '복'을 세상적인 풍요나 성공으로 이해하지만, 예수께서 선포하신 팔복은 전혀 다른 차원의 복을 말합니다. 그것은 하나님의 통치가 임한 삶의 복, 다시 말해 '하늘나라를 소유한 삶'입니다. 그 복은 현세와 내세를 관통하며, 인간의 조건이 아니라 하나님의 약속에 근거합니다.

팔복이 선언된 산상수훈은 '하늘나라가 땅 위에 시작되었고', '그 나라의 백성은 지금 여기에서 그 나라의 삶을 살아야 한다'는 진리를 담고 있습니다. 따라서 팔복은 미래의 약속이자 현재의 선언입니다.

| 하나님의 왕국: 현세와 내세

예수께서 반복하여 말씀하신 '천국', 헬라어로는 '바실레이아 톤 우라논(βασιλεία τῶν οὐρανῶν)'은 단순한 내세의 낙원이 아니라, 하나님의 통치가 이루어지는 하나님의 왕국(Kingdom of God)을 가리킵니다. '하나님의 왕국'은 지금 이 순간, 심령이 가난한 자 안에, 애통하는 자와 함께, 의를 위하여 박해받는 자 위에 임한 것입니다.

이 나라는 '지상천국'이라는 개념과도 연결됩니다. 우리가 '지상천국'이라 부르는 공동체와 삶은, 하나님의 통치가 이 땅에서 실현된 형태입니다. 그 나라는 이중적입니다: 지금도 존재하지만 아직 완성되지 않았으며, 현세에서 체험되지만 내세에서 완성됩니다.

| 팔복의 순례길

이 책은 여덟 장의 글을 통해 팔복 하나하나를 묵상하며, 순례자의 여정을 따라갑니다. 심령이 가난한 자에서 시작해, 박해받는 자에 이르기까지 이 복된 여정은, 고난과 갈망, 긍휼과 청결, 온유와 화평의 길입니다. 그 길은 쉽지 않지만, 그 길 위에 하나님이 계십니다.

각 장은 그 복이 갖는 신학적 깊이와 언어적 의미, 성경적 인물들과 사건, 교부들과 현대 신학자들의 해석, 그리고 오늘날 그 복을 살아내려는 순례자들에게 주는 메시지를 함께 담았습니다.

| 지상 최대의 복

이 팔복은 단순한 윤리적 교훈이나 이상주의적 도덕이 아닙니다. 그것은 예수 그리스도의 생애와 죽음, 부활에 이르기까지 그의 삶 자체를 담은 복음입니다. 그 복음은 하늘나라의 문을 열고, 이 땅에서 하늘을 살아가게 합니다.

팔복은 지상의 가장 높은 복이자, 하늘에서 가장 가까운 삶입니다. 그 삶은 고요한 승리이며, 눈물 속의 찬송이며, 세상의 길을 거슬러 걷는 순례자의 노래입니다.

이 여덟 복의 발걸음을 따라 걸으며, 우리 모두가 '하늘나라가 자기 것이라' 일컬음 받는 복된 자로 살아가기를 소망합니다.

the Eight Greatest Blessings on Earth

첫 번째 복

심령이 가난한 자는 복이 있나니
천국이 그들의 것임이요

마태복음 5장 3절
영이 가난한 자들은 복이 있나니 하늘의 왕국이 그들의 것이기 때문이요.
Blessed [are] the poor in spirit: for theirs is the kingdom of heaven.

심령(心靈)이란 마음과 영의 한자 복합어입니다. 그런데 성경의 원문과 영어 등의 표현을 보면, 이 말은 '프뉴마', 'Spirit' 등 단일어로만 되어있습니다. 그렇다면 영혼이 아니라 영이 가난한 자로 번역함이 옳을 것입니다. 그리고 인간은 동물과 달리 영적으로 지음받았다는 사실을 인식하는 사람이 천국에 들어갈 수 있음을 시사합니다.

인간의 구조를 살펴보면, 인간은 몸과 혼과 영으로 창조되어 위로는 하나님과 아래로는 이웃과 더불어 교제하며 살아가는 존엄성의 사회적 존재임을 분명히 인식해야 합니다. 만약 자신의 영적 존재를 확실히 인식했다면, 반드시 자신의 모습이 얼마나 초라하며 가난한 가를 쉽게 깨달을 수 있을 것입니다.

복 있는 사람은 누구인가?

복이라는 말은 익숙하면서도 낯섭니다. 우리는 종종 복을 물질적인 풍요나 건강, 성공으로 여기곤 합니다. 그러나 예수께서 산 위에서 선포하신 복은, 세상의 기준과는 전혀 다른 복이었습니다. 그 첫 번째 복은 너무도 뜻밖입니다. "심령이 가난한 자는 복이 있나니 천국이 그들의 것임이요."

이 얼마나 기이한 선언입니까? 가난한 자가 복이 있다고 말하다니. 그것도 심령이, 곧 마음 깊은 곳이 가난한 자가 복이 있다니요. 그러나 이 말씀 안에는 천국의 문이 열리는 깊고도 복된 비밀이 숨겨져 있습니다.

| '심령이 가난하다'는 말의 의미

원어 성경에서 '심령이 가난하다'는 표현은 단순히 겸손하거나 착하다는 뜻을 넘어섭니다. 헬라어로 'πτωχός(프토코스)'는 '완전히 의존적인 가난한 자', 스스로 아무것도 이룰 수 없는 자를 뜻합니다. 여기에 'τῷ πνεύματι(토 프뉴마티)', 곧 '영 안에서'라는 표현이 더해져, 영적으로 철저히 무력하고 빈손인 상태를 가리킵니다.

도움 없이는 절대로 생존할 수 없는 극도의 가난을 의미합니다. 따라서 반드시 주인에게 의존해서 주인의 도움을 받아야 합니다. 인간은 전적으로 타락하여 하나님의 도움이 없이는 생존할 수 없음을 느끼는 자만이 천국에 들어갈 수 있습니다. 만약 첫째 복을 이해하고 소화하지 못하면 이후에 있을 모든 복은 허사가 될 것입니다.

| 영의 가난함이 주는 자유

역설적이게도, 심령이 가난한 자는 가장 자유로운 사람입니다. 그는 더 이상 자신의 자격을 입증하려 애쓰지 않기 때문입니다. 그는 세상이 요구하는 성공이나 인정, 업적에 기대지 않고 삽니다. 그의 삶은 오직 하나님의 은혜 위에 세워져 있습니다.

심령이 가난한 자는 남과 비교하지 않습니다. 그는 자신의 부족함을 너무도 잘 알기에, 타인의 연약함에도 너그러울 수 있습니다. 이런 이에게 천국이 주어진다는 것은, 단순한 미래의 약속이 아닙니다. 그것은 지금, 이 순간에도 하나님의 다스림이 그 삶 안에서 시작되었음을 뜻합니다.

| 영이 가난한 사람들

성경에는 이러한 영적 가난함의 본을 보여주는 인물들이 여럿 있습니다. 세리였던 삭개오는 사람들 앞에서 죄인으로 손가락질 받던 자였지만, 예수님 앞에서 자신을 낮추었습니다. 그는 예수님을 만나자마자 "내 재산의 절반을 가난한 자들에게 나누고, 토색한 것이 있으면 네 배로 갚겠습니다"라고 고백합니다.

또한 성전에서 멀찍이 서서 고개조차 들지 못하고 "하나님이여, 불쌍히 여기소서. 나는 죄인이로소이다"라고 기도한 세리의 기도 역시, 심령의 가난함을 상징적으로 보여줍니다. 예수님은 이 세리가 의롭다 하심을 받고 돌아갔다고 말씀하셨습니다.

| 영이 가난함에 관한 통찰

어거스틴(Augustinus of Hippo)은 심령의 가난함을 '하나님의 은혜 없이는 아무것도 할 수 없다는 철저한 자각'으로 보았습니다. 마르틴 루터(Martin Luther)는 이 복이야말로 종교개혁의 출발점이라고 말했습니다. 사람은 오직 믿음으로, 오직 은혜로, 오직 하나님께만 소망을 두고 살아갈 수 있다고 고백한 그의 외침은 곧 '심령이 가난한 자'의 외침이기도 합니다.

디트리히 본회퍼(Dietrich Bonhoeffer)는 『나를 따르라』에서 이렇게 말합니다. "예수께로 나아올 수밖에 없는 사람, 자기 자신에게서 도망칠 수밖에 없는 자가 바로 심령이 가난한 자이다." 이러한 가난함은 무기력이 아니라, 하나님을 향한 전적인 기대입니다.

| 나그네 인생길을 위한 첫 걸음

신앙의 길, 순례자의 길은 이 심령의 가난함에서 시작됩니다. 내가 아무것도 아님을 아는 데서, 하나님이 모든 것이심을 믿게 됩니다. 그제야 우리는 진정한 의미에서 '걷기'를 시작합니다. 세상의 허영을 내려놓고, 진리의 빛을 향해 한 걸음씩 나아가는 것입니다.

심령이 가난한 자는 짐을 벗은 자입니다. 그는 자신이 얼마나 연약한 존재인지 알기에, 주님의 손을 붙잡고 한 걸음 한 걸음 나아갑니다. 하나님 나라는 그런 자에게 열려 있습니다. 이 땅에서부터.

| 복의 시작, 천국의 문턱

팔복의 시작이 '심령이 가난한 자'로부터 시작된 것은 결코 우연이 아닙니다. 천국의 문은 자격 있는 자가 아닌, 은혜를 구하는 자에게 열립니다. 오히려 아무것도 없다고 고백하는 자만이 들어갈 수 있는 문, 그 문이 바로 이 첫 번째 복의 자리입니다.

그리고 그 복은 단지 위로가 아닙니다. 그것은 실재하는 하나님의 통치입니다. 지금 이 순간, 가난한 심령으로 주를 찾는 자에게 하나님은 말씀하십니다. "천국은 네 것이라."

| 진정한 복을 갈망하는 이들에게

우리는 자주 복을 찾습니다. 그러나 참된 복은, 오히려 나 자신에게서 벗어나는 그 자리에서 시작됩니다. 하나님의 은혜 없이는 아무것도 할 수 없다고 고백하는 자, 그가 진정 복된 사람입니다.

심령이 가난한 자는 천국을 소유한 자입니다. 그의 손은 비어 있지만, 그의 마음은 충만합니다. 그의 발걸음은 무겁지만, 그 길 끝에는 빛이 있습니다. 그 사람은 복된 나그네입니다. 천국의 시민이며, 하나님의 사랑받는 자입니다.

복이 있나니, 심령이 가난한 자여.
천국은 네 것이니라.

the Eight Greatest Blessings on Earth

두 번째 복

애통하는 자는 복이 있나니
그들이 위로를 받을 것임이요

마태복음 5장 4절
애통하는 자들은 복이 있나니 그들이 위로를 받을 것이기 때문이요.
Blessed [are] they that mourn: for they shall be comforted.

순수한 우리말의 '아픔'을 의학 용어로 표현할 때에 통증(痛症, pain)이라 하고, 괴로움을 표현할 때는 고통(苦痛, suffering)이라 부릅니다. 아픔이란 생명체가 자기를 유지 보존하기 위한 방어기전입니다. 따라서 아픔이 없는 생명체는 존재할 수 없습니다. 특히 인간의 아픔은 고차원적입니다. 육체적, 정신적, 영적 아픔, 그리고 사회적 아픔까지 복합적으로 표출하기 때문에 인간의 아픔이란 전인으로서의 신비로운 방어기전이라 할 수 있습니다.

육체에 통증 기능이 없다면 부단히 침습해 오는 각종 유해 물질로부터 신체를 방어하거나 보존할 수 없습니다. 마찬가지로 정신적 아픔을 경험하지 못하면 인격이 성숙 될 수 없습니다. 동시에 영적 아픔이 없으면 신앙의 인격도 성숙 되지 않습니다. 이같이 아픔은 인간이 살아 있으므로 겪는 필연적인 생체의 기능 중 하나입니다.

| 눈물은 축복일 수 있는가?

눈물은 종종 약함의 상징처럼 여겨집니다. 애통한다는 것은 뭔가 잃었거나 실패했거나 감당할 수 없는 고통 앞에 무너졌다는 뜻처럼 들립니다. 하지만 예수님은 말씀하십니다. "애통하는 자는 복이 있나니 그들이 위로를 받을 것임이요." 이것은 역설입니다. 아픔을 토로하는 자에게 위로라는 은혜가 주어지리라는 것입니다.

그리고 이 복음의 역설은 우리에게 질문을 던집니다. 애통이 어떻게 복이 될 수 있는가? 눈물 속에서 우리는 무엇을 마주해야 하는가? 그 해답은 하나님의 위로라는 약속 안에서 밝혀집니다. 우리는 우리의 상실과 고통, 아픔 앞에 서시는 하나님을 발견할 수 있습니다.

| '애통한다'는 말의 깊은 의미

성경 헬라어 원문에서 '애통하다'는 말은 'πενθοῦντες(펜쑤운테스)'로, 슬픔 중에서 가장 큰 슬픔, 격심한 비통을 의미합니다. 단순히 슬퍼하는 감정이 아니라 깊은 통회와 절절한 슬픔, 내면을 찢는 듯한 회개를 의미합니다. 이는 사랑하는 이를 잃은 자의 슬픔과 같이 절실하고 진실된 고통입니다.

예수님이 말씀하신 애통은 단순한 감상적인 슬픔이 아니라, 죄로 인한 고통과 세상의 부조리에 대한 애통, 그리고 하나님을 향한 갈망에서 나오는 통곡입니다. 이런 슬픔을 가진 자에게 하나님은 '위로'를 약속하십니다.

| 성경 속의 애통하는 이들

성경은 눈물을 감추지 말라고 말합니다. 성경의 인물들은 고통과 절망, 상실과 아픔 가운데 눈물을 쏟습니다. 다윗은 죄를 고백하며 침상이 젖도록 눈물을 흘렸고(시편 6편), 예레미야는 이스라엘의 멸망을 바라보며 '눈물의 선지자'라 불릴 정도로 슬퍼했습니다.

예수님 자신도 나사로의 죽음 앞에서, 그리고 예루살렘을 향해 눈물을 흘리셨습니다. 예수님의 눈물은 인간의 고통을 향한 하나님의 마음을 보여줍니다. 위로는 그런 눈물 가운데 임합니다.

| 고통에 관한 빛나는 통찰들

존 칼뱅(John Calvin)은 인간이 자신의 죄를 깊이 자각할 때, 그래서 그 죄가 우리 몸과 마음과 영혼을 괴롭히고 있음을 깨달을 때 참된 애통이 시작된다고 말했습니다. 마르틴 루터(Martin Luther)는 회개 없는 신앙은 진짜 신앙이 아니며, 애통함 없는 복음은 값싼 은혜라고 경고했습니다.

헨리 나우웬(Henri J.M. Nouwen)은 슬픔과 상실 속에서 우리가 하나님과 깊이 만날 수 있는 기회를 가진다고 했습니다. 애통은 우리가 하나님 앞에 가장 진실하게 나아가는 방식입니다.

| 의학이 말하는 통증

의학에서 아픔이란 육체를 방어하려는 방어기전이므로 신체를 파괴하려는 행위에 대한 경보 혹은 신호입니다. 그래서 신호 이상의 과중한 통증은 오히려 스트레스로 작용하기 때문에 필요 이상의 아픔은 가능한 한 피하든지 조절되어야 합니다.

그래서 인간의 통증은 위로(comfort)로 반응합니다. 통증 기능 없이 태어난 아이는 10살을 넘기지 못하고 사망합니다. 인간의 통증은 반드시 육체에 반응합니다. 성경에 기록된 성령님은 위로자(comforter)란 뜻입니다.

| 아픔을 느끼는 이들을 위한 치료

위로의 첫 번째 치료 방법은 의학적 치료입니다. 의학적 치료는 하나님이 인간에게 주신 위대한 선물입니다. 의사에게 고통을 토로하는 것은 의학적 위로의 방법을 경험하게 되는 길입니다. 그다음으로 주어지는 위로의 치료는 성령의 은사, 기도, 말씀, 찬양 등의 하나님 은혜를 누리기 위한 수단들 위에 상담, 음악, 미술, 운동, 취미 생활 등 다양한 방법이 있습니다.

인간의 삶은 고통과 위로의 두 수레바퀴로 순례길을 따라 전진하는 순례자와 같습니다. "찬송하리로다! 그는 우리 주 예수 그리스도의 하나님이시요 자비의 아버지시요 모든 위로의 하나님이시라"(고후 1:3). 아멘.

| 고통의 길에 비치는 위로의 빛

순례자의 길은 언제나 눈물 없이 걸을 수 있는 길이 아닙니다. 고독과 상실, 실패와 상처가 그 길 곳곳에 놓여 있습니다. 그러나 그 길을 눈물로 걷는 자는 복이 있습니다. 하나님은 그 눈물을 헤아리시고, 기꺼이 안아주시며, 위로해주십니다.

애통은 약함이 아니라, 하나님을 향한 진실함입니다. 그 애통은 나를 낮추고, 하나님을 더욱 갈망하게 합니다. 그리고 그 길 끝에, 하나님의 따뜻한 위로가 기다리고 있습니다.

| 눈물로 씨를 뿌리는 자들에게

"눈물로 씨를 뿌리는 자는 기쁨으로 거두리로다."(시 126:5)
애통은 하나님의 위로를 예비하는 땅입니다. 세상의 고통, 나 자신의 죄, 무너진 이웃의 삶을 향해 가슴을 치며 우는 자는, 이미 천국을 향해 걷고 있는 자입니다.

복이 있나니, 애통하는 자여.
너는 위로를 받을 것이다.
그 위로는 하나님께서 직접 안아주시는 평강이며,
다시 살아갈 수 있는 소망이다.

the Eight Greatest Blessings on Earth

세 번째 복

온유한 자는 복이 있나니
그들이 땅을 기업으로 받을 것 임이요

마태복음 5장 5절
온유한 자들은 복이 있나니 그들이 땅을 상속받을 것이기 때문이요.
Blessed [are] the meek: for they shall inherit the earth.

온유는 예수님의 성품이며, 가장 고상한 성품으로 인격 형성에 중요한 유연성을 말합니다. 인간의 인격이 온유한 성품으로 변화한다는 말은 믿음이 성장한다는 말이며 행함이 있는 성실한 믿음으로 생활한다는 뜻입니다.

참된 믿음을 소유한 사람은 반드시 성품의 변화를 겪게 됩니다. 변화는 그의 삶에서 자연스럽게 드러납니다. 믿는다고 말로만 하고 온유한 성품으로 변하지 않는다면 참 신앙이라 할 수 없습니다. 인격이 온유한 성품으로 변한다는 말은 믿음이 성장한다는 말이며 행함이 있는 참믿음으로 생활한다는 뜻입니다.

| '온유'의 의미와 깊이

'온유한 자'는 헬라어로 'πραεῖς(프라에이스)'입니다. '훈련된 유연성' '훈련된 인격', '길들어진 인격' '조성된 인격', '다스려진 인격' 등을 의미합니다. 이 단어는 길들여진 말처럼 강하지만 적절하게 통제된 상태, 자기중심성이 제거된 부드러움을 의미합니다. 이는 성품의 나약함이 아니라, 하나님 앞에서 자기를 내려놓은 사람을 뜻합니다.

온유한 자는 억지로 싸우지 않습니다. 그는 억울함을 참고, 다툼보다 화해를 택합니다. 그러나 그는 결코 진리를 포기하거나 두려움 속에 침묵하는 자가 아닙니다. 오히려 하나님의 정의를 신뢰하며, 그분의 때를 기다리는 사람입니다.

| 성경 속의 온유한 인물들

모세는 "온유함이 지면의 모든 사람보다 승하였다"고 평가받습니다(민 12:3). 그러나 그는 약한 자가 아니었습니다. 이스라엘을 이끌고 바로 앞에 당당히 선 지도자였습니다. 그의 온유는 하나님의 뜻에 대한 철저한 순복에서 나왔습니다.

예수님 자신도 "나는 마음이 온유하고 겸손하니"라고 말씀하십니다(마 11:29). 그분의 온유는 죄인을 품고, 제자들의 부족함을 인내하며, 십자가를 지기까지 아버지의 뜻에 순종한 삶이었습니다.

| 온유: 내면의 강인함에 관한 통찰

존 스토트(John Stott)는 온유함을 '자기 권리를 내려놓을 수 있는 자유'라고 말합니다. 의학적 경험이 풍성한 신학자 마르틴 로이드 존스(Martin Lloyd-Johns)는 "온유한 자는 자신에 대해 겸손하며, 타인을 판단하려 하지 않는 자"라고 해석했습니다.

이 온유함에 관한 깊은 통찰은 역시 디트리히 본회퍼에게서 발견할 수 있습니다. 그는 '자기를 부인하고 자기 십자가를 지는 삶'이 온유함의 본질이라고 봤습니다. 헨리 나우웬은 온유함이란 '다른 이의 상처에 귀 기울일 줄 아는 용기'라고 말했습니다.

온유한 인품은 형성된다

온유한 인품은 유연성, 긍정성, 적극성, 성실성, 부지런함, 따뜻함, 겸손함, 관용, 인내, 순종, 침착, 박력, 생명력 등의 남성적 미덕을 포함하고 있습니다. 온유는 선천적으로 타고난 유연한 성격과 갈고 닦은 훈련된 후천적 성격이 합쳐져 형성된 고상한 성품이라 할 수 있습니다.

주님께서 친히 말씀하시기를 "나는 마음이 온유하고(gentle) 겸손(lowly)하니 나의 멍에를 메고 내게 배우라"(마 11:29 전반부)고 하셨습니다. 예수님 자신도 온유하고 겸손하셨습니다. 온유와 겸손은 함께 굴러가는 자전거의 앞바퀴와 뒷바퀴의 기능과 같습니다.

| 생물학적 온유

살며 기능하는 모든 생물은 유연성을 가지고 있습니다. 건강을 유지하려면 반드시 유연성을 유지해야 합니다. 생체의 모든 운동은 최대로 이완하고 최대로 수축할 때 유연성을 유지합니다. 이를 우리는 스트레치(stretch)라고 합니다. 가장 대표적인 기관이 근골격계와 순환 호흡계입니다. 이 두 기관이 힘 있게 움직이면 나머지 모든 기관도 유연하게 움직이게 됩니다.

근육을 최대로 수축하면 관절이 최대의 반경을 그리며 스트레치가 됩니다. 이렇게 근육이 힘차게 움직이면 호흡을 하게 되는데 이때 심호흡을 하면 폐포의 유연성을 유지합니다. 동시에 심장이 빨리 뛰면 혈관이 확장되어 혈관의 유연성을 유지합니다. 이렇게 육체적, 인격적, 영적 유연성을 합한 것을 전인적 온유라 할 수 있습니다.

온유한 인품이 누리는 복

온유함은 그 누리는 복이 특별합니다. 성경의 말씀대로 온유하게 삶을 산 사람은 이 세상 한평생의 큰 복을 누리게 됩니다. 그가 누리는 복은 삶의 복이며, 관계의 복이고, 사업의 복이고, 사명의 복입니다. 온유한 사람은 주어진 복을 현세에서 값지게 누립니다.

그래서 온유한 삶은 반드시 땅을 기업으로 받는 것입니다. 여기의 기업은 재산을 뜻하고, 땅은 지구를 말합니다. 온유한 삶은 지구에서 건강하게 행복하게 사는 길이 되는 것입니다. 부드럽게 그리고 성실하게 살면서 깨끗한 부자, 즉 청부의 삶을 사는 복을 받는다는 뜻입니다.

| 온유한 순례자에게 복이 온다

세상은 소유와 지배를 통해 땅을 차지하려 합니다. 그러나 하나님 나라는 다릅니다. 땅을 기업으로 받는 자는 싸워서 빼앗는 자가 아니라, 하나님의 약속을 신뢰하며 기다리는 자입니다. 그는 마음이 온유하고 겸손합니다. 그는 마치 이삭이 그 온유함으로 땅과 기업의 복을 누린 것과 같은 복을 누립니다.

순례자는 세상 모든 땅과 기업이 하나님께 속해 있음을 압니다. 그는 하나님의 손을 믿고, 그분의 때에 그의 몫이 주어질 것을 믿기에 온유할 수 있습니다. 그래서 그는 욕심내지 않고, 억지로 움켜쥐지 않습니다. 그는 내어주고 섬겨주며 받들어주는 사람입니다. 하나님께서는 온유한 순례자에게 오늘을 복되게 살아가는 은혜를 주십니다.

| 온유한 사람의 깊은 복

온유는 천천히 걸어도 흔들리지 않는 마음입니다. 세상의 풍랑 앞에서 침묵할 수 있는 담대함이며, 억울함 속에서도 하나님의 심판을 기다리는 인내입니다.

복이 있나니, 온유한 자여.
땅은 네 유산이 될 것이다.
그 땅은 단지 세상의 영역이 아니라,
하나님의 통치가 실현되는 하늘의 터전이다.

the Eight Greatest Blessings on Earth

네 번째 복

의에 주리고 목마른 자는 복이 있나니
그들이 배부를 것임이요

마태복음 5장 6절
의에 주리고 목마른 자들은 복이 있나니 그들이 배부를 것이기 때문이요
Blessed [are] they which do hunger and thirst after
righteousness: for they shall be filled.

의(義)는 옳은 것을 말하고, 불의(不義)는 옳지 않은 것을 말합니다. 사람은 동물과 달라 옳고 그른 것, 좋은 것과 나쁜 것, 선과 악을 구별하며, 의와 선을 추구할 줄 아는 윤리적 존재입니다. 사람은 사람답지 못한 행동을 하면 '짐승 같은 자'라고 규정합니다. 사람은 결국 윤리적일 때 사람이라 할 수 있는 것입니다.

하나님께서는 사람을 지으시고 "보시기에 심히 좋았다."고 하셨습니다. 사람이 품은 선함과 의로움을 보신 것입니다. 그러나 아담과 하와의 범죄로 사람의 몸과 마음 그리고 영혼에는 악이 깃들었습니다. 그 후 인간은 좋은 것과 나쁜 것을 구별해야 했습니다. 그리고 바르고 선하며 의로운 행동을 찾아야 했습니다. 이것이 바로 인간의 도덕률이요, 성경에서는 율법입니다.

| '의'와 '배부름'은 무엇을 말하는가

'의'는 헬라어로 'δικαιοσύνη(디카이오쉬네)'이며, 하나님과의 바른 관계 속에서 이루어지는 정의, 공의, 올바름을 뜻합니다. 하나님의 성품과 그분의 통치를 삶 속에 갈망하는 가운데, 하나님으로 더불어 선하고 바르게 되는 것을 말합니다.

그런데 중요한 것은 그 정의를 아는 것에 있지 않습니다. 중요한 것은 그것을 바라되 간절히 바라는 것입니다. 하나님으로부터 흘러나오는 의 없이는 죽을 것 같은 갈망을 느끼는 것입니다. 예수님께서는 그 '의'에 주리고 목말라 하는 이에게 '배부름'의 만족이 있으리라 말씀하십니다. 직역하면, '옳은 일을 위하여 배고파하고 목말라 하는 자는 만족할 것이다.'란 뜻입니다.

| 그들은 갈망하는 사람들이었다

성경은 하늘 의에 대한 갈망과 목마름의 연대기(chronology)입니다. 노아는 세상이 불의로 가득했을 때 하나님에게서 의를 갈망했습니다. 모세는 하나님의 백성이 애굽 땅 고통 받는 현실에서 의를 구하고 찾을 때 하나님 의의 실현자로 그들의 갈등을 풀어주는 지도자가 되어 주었습니다. 하나님께서는 기억하십니다. 그리고 그 목마름을 채워주십니다.

다윗은 누구보다 하나님의 의를 구하는 사람이었습니다. 그는 "내 영혼이 하나님을 갈망하며 마치 마른 땅처럼 주를 찾는다"라고 고백합니다(시 63:1). 선지자 아모스 역시 의에 대한 목마름이 있는 사람이었습니다. 그는 "의가 물 같이, 공의가 마르지 않는 강 같이 흐르게 하라"고 외쳤습니다(암 5:24). 중요한 것은 의를 구하고 갈망하는 것입니다.

| 배부르게 되는 일의 역설

종교 개혁가 마르틴 루터는 '의'를 하나님께로부터 '전가(轉嫁)된 의(義)'로 이해했습니다. 즉, 우리는 스스로 의로울 수 없으며, 오직 은혜로 말미암아 하나님께로부터 우리에게 의가 주어질 때 우리가 의롭게 된다는 것입니다. 하나님께서는 우리가 의에 굶주렸을 때 우리에게 의를 주시고 우리 영혼을 당신의 의로 채우십니다.

결국 의에 대한 갈망은 배고픔이 채워지는 진정한 방식입니다. 배고픈 사람에게 배부름이 주어지는 것입니다. 존 파이퍼(John Piper)는 '하나님을 향한 갈망이 곧 예배'라고 했습니다. 하나님을 찾고 구하고 하나님께로부터 주어지는 은혜를 갈망하는 것이야말로 우리 영혼이 배부르게 되는 지름길이라는 것입니다. 우리의 갈증과 배고픔은 곧 하나님을 향한 목마름이며 배고픔입니다. 이 갈망이야말로 우리를 생명으로 이끕니다.

| 의를 향한 갈급한 외침

하나님은 우리에게 의로운 태양이십니다. 그 의는 죄 가운데 있는 우리에게 강렬한 빛을 발하고 우리 안에 있는 모든 수분을, 우리 안에 있는 모든 자양분을 증발하게 하여 앗아가버립니다. 우리는 결국 그 의로운 태양, 하나님 아래서 갈증과 배고픔을 경험하게 됩니다. 그리고 의로우신 하나님을 향해 우리의 갈급함을 간청합니다.

성도는 의에 대하여 배고파하고 목말라해야 합니다. 여기 주리고 목말라한다는 말은 극심한 배고픔과 극심한 갈증을 말합니다. 인체가 배고픔과 갈증을 느끼지 못하면 죽음 직전에 있는 상태입니다. 이같이 민감하게 굶주림과 갈증을 느끼면 배부르게 된다는 뜻입니다.

| 의의 목자이신 예수님

신약성경은 '의'를 오직 한 분, 예수 그리스도에게 집중합니다. 그리스도는 의의 왕이요 평강의 왕이라 하였으니, 예수 그리스도 자신이 의의 본체이십니다. 예수님만이 하나님의 의 앞에 온전하신 한 분이십니다. 예수 그리스도만이 하나님의 의를 누리고 얻어 충만하게 되는 길이 됩니다.

로마서 1장 17절은 말합니다. 예수 그리스도의 복음에는 하나님의 의가 나타나서 믿음으로 믿음에 이르게 합니다. 오직 믿음만이 죄인이 의인이 되도록 합니다. 예수 그리스도를 믿는 믿음이 없이는 결코 의인이 될 수 없습니다. 이것이야말로 우리에게 주어진 "이신득의" 혹은 "이신칭의"의 교리입니다.

| 잠깐의 떡이 아닌 영원한 의

순례길과 같은 인생에서 중요한 것은 여행 중 만나는 작은 위로보다 최종 목적지에서 누리는 배부름입니다. 하나님을 향한 순례자는 늘 의에 굶주린 자입니다. 그는 이 땅의 현실, 그 불의와 죄악이 우리 신앙의 순례길에서 배고픔과 갈증을 해결하지 못한다는 것을 잘 압니다. 그는 이제 곧 도착할 곳, 하나님 계신곳이야말로 그의 궁극의 배고픔과 갈급함이 해결될 곳임을 압니다.

결국 하나님의 순례자는 조급하지만, 그가 지금 경험하는 갈급함을 당장의 현실에서 채우려 하지 않습니다. 그가 지금 경험하는 불편함은 오히려 그를 계속 걷게 만듭니다. 그리고 그 길 끝, 궁극의 자리에서 하나님의 은혜라는 만나를 경험합니다.

| 참된 배부름을 향하여

세상의 길은 지금 당장의 갈급함에 급급합니다. 그러나 하나님은 우리의 갈망이 온전히 하나님을 향해 있게 되기를 바라시며, 당신에게서 모든 갈급함이 해결되기를 바라십니다. 그렇게 우리의 의를 향한 갈망은 우리를 하나님께로 인도하며, 그 안에서 우리는 진정한 배부름을 경험하게 됩니다.

복이 있나니, 의에 주리고 목마른 자여.
너는 배부를 것이다.
그 배부름은 세상이 줄 수 없는 만족이며,
오직 하나님이 채우시는 생명의 떡이다.

the Eight Greatest Blessings on Earth

다섯 번째 복

긍휼히 여기는 자는 복이 있나니
그들이 긍휼히 여김을 받을 것임이요

마태복음 5장 7절
긍휼을 베푸는 자들은 복이 있나니 그들이 긍휼을 얻을 것이기 때문이요
Blessed [are] the merciful: for they shall obtain mercy.

우리는 종종 긍휼을 연약함에 대한 동정의 감정 정도로 여기고는 합니다. 하지만 예수님께서는 이 긍휼이야말로 우리가 구원을 얻을 중요한 관문이라고 여기셨습니다. 그리고 예수님께서는 긍휼을 베푸는 자가 복이 있다고 선언하십니다.

긍휼은 단순한 정서적 반응이 아닌, 하나님 나라의 본성을 드러냅니다. 긍휼이야말로 하나님 나라의 구현 본질을 경험하게 되는 지름길입니다. 긍휼이야말로 하나님을 알게 되고 예수님 십자가 능력을 이해하게 되는 지름길입니다. 하나님의 마음을 품고, 타인의 고통에 반응하며, 사랑으로 행동하는 자가 결국에 하나님께로부터 구원과 영생의 복을 누리게 되는 것입니다.

| 긍휼의 깊은 의미를 살피기

'긍휼'은 헬라어로 'ἔλεος(엘레오스)'입니다. 이것은 단순한 동정심을 넘어, 타인의 고통을 나의 고통처럼 느끼고 행동으로 옮기는 자비를 의미합니다. '긍휼히 여긴다'는 것은 상대방의 입장에 서고, 그를 회복시키기 위한 실제적인 도움을 포함합니다. 사실 성경은 이 긍휼과 자비를 비슷한 말로 사용합니다. 긍휼이 'ἔλεος(엘레오스)'라면 자비는 'οἰκτιρμός(오이크티르모스)'입니다.

예수님께서는 팔복에서 자비라는 말보다는 긍휼을 더 복된 것으로 여기셨습니다. 예수님에 의하면 하나님께서는 우리를 향해 당신의 무조건적인 사랑과 참된 용서를 드러내셨습니다. 예수님의 십자가가 바로 그것입니다. 그리고 예수님께서는 당신을 통해 드러난 하나님의 긍휼을 본받아 살아가는 자에게 하나님의 긍휼이 임할 것이라 하십니다.

| 긍휼과 자비를 구별하기

우리말 성경에는 긍휼과 자비라는 말이 뒤섞여 기록되어 있습니다. 긍휼과 자비는 비슷한 의미의 용어이므로 일반 대화에서는 큰 무리가 없이 혼용하여 사용할 수 있습니다. 그러나 한 사람을 온전하게 하는 치유의 일들에서는 둘이 엄격히 구별되어야 합니다.

긍휼은 내적 동기이고 자비는 외적 실천입니다. 예수님은 항상 환자를 대할 때 불쌍히 여기시며 민망히 여기셨다는 내적 동기유발을 말씀으로 표현하신 후 병을 고쳐주시는 그 행위 자체가 바로 자비인 것입니다. 하나님께서는 인간을 '불쌍히' 여기시고, '긍휼히' 여기심을 실천한 자비로 예수 그리스도를 이 세상에 보내셨습니다.

| 사랑의 두 날개: 긍휼과 자비

'긍휼과 자비', '사랑과 은혜', '믿음과 행함'은 모두가 세상사에 필수 요소입니다. 긍휼 없는 자비는 뇌물과 같고, 자비가 없는 긍휼은 비 없는 구름과 같습니다. 사랑의 실천은 은혜이고, 은혜의 본질은 사랑입니다. 믿음은 행함을 낳고 행함은 더 큰 믿음으로 발전합니다. 그러므로 긍휼과 자비, 사랑과 은혜, 믿음과 행위는 참된 구원의 절대 요소라 할 것입니다.

예수님은 율법과 규정에 얽매여 제사만을 강요하는 제사장들을 향하여 "나는 자비를 원하고 제사를 원치 아니하노라"라고 하셨습니다(마 12:7). 믿음의 행위를 강조한 말씀입니다. 아무리 믿음이 크다 해도 행함이 없는 믿음은 참믿음이라 할 수 없습니다. 자비가 따르는 믿음이 참믿음입니다. 행함이 없는 믿음은 곧 죽은 것이라. 행함이 있는 참믿음은 천국행 열차의 티켓을 소유함과 같습니다. 그처럼 자비의 삶이 가치 있는 삶임을 명심해야 할 것입니다.

| 성경 속 긍휼의 이야기들

성경은 누가뭐래도 긍휼과 자비의 책입니다. 누가복음 10장의 선한 사마리아인의 비유는 긍휼의 본을 보여줍니다. 강도 만난 자를 본 제사장과 레위인은 피했지만, 사마리아인은 '불쌍히 여겨' 다가가 기름을 붓고 싸매고, 자신이 머물던 여관으로 데려가 돌보았습니다.

무엇보다 예수님은 긍휼과 자비가 삶에서 중요한 요소임을 가르치신 분이십니다. 예수님께서는 눈먼 자, 병든 자, 귀신 들린 자들을 보시고 불쌍히 여기셨으며, 그들을 향한 긍휼은 곧 구원의 역사로 이어졌습니다. 결국 성경이 말하는 긍휼은 멈춰서고, 다가가고, 책임지는 사랑입니다.

긍휼의 영성

20세기 위대한 신학자 칼 바르트(Karl Barth)는 "하나님의 긍휼은 우리가 긍휼히 여길 수 있는 근거이며, 인간은 그것을 반사하는 존재다"라고 했습니다. 긍휼의 참된 실천가라고 할 수 있는 헨리 나우웬은 고통받는 이의 자리로 내려가 그들이 선 자리에 함께 서서 그들이 바라보는 눈으로 세상을 보는 것이야말로 긍휼의 시작이라 강조했습니다.

우리 그리스도인들이 추구해야 하는 십자가의 삶은 곧 긍휼의 삶입니다. 십자가 그늘 아래 긍휼의 눈으로 세상을 바라보고 자비를 실천하는 것이야말로 교회와 그리스도인이 세상 가운데 존재하는 궁극의 이유입니다. 교회는 긍휼을 필요로 하는 약한 자 곁에 서 있어야 합니다.

| 멈춰 서는 발걸음

순례자는 자기가 가려는 목적지에만 집중하지 않습니다. 그는 선한 사마리아인처럼 그가 가던 길 한켠에 쓰러진 자에게 주목합니다. 그는 걸음을 멈춥니다. 그리고 그에게 다가갑니다. 긍휼은 이기심에서 벗어나, 타인의 고통 앞에서 잠시 멈추는 것으로 시작됩니다.

그 멈춤은 결코 낭비가 아닙니다. 그것은 하나님의 방식으로 걷는 것이며, 진정한 순례자의 걸음입니다. 긍휼히 여기는 자는 단지 도움을 주는 자가 아니라, 함께 울어주는 동행자입니다.

| 긍휼을 받을 자의 삶

긍휼은 내가 가진 것을 나누는 사랑이자, 내가 받은 은혜를 흘려보내는 삶입니다. 하나님께서 우리를 불쌍히 여기신 것처럼, 우리는 서로를 향해 긍휼의 마음을 품어야 합니다. 우리가 하나님의 마음을 본받아 서로를 긍휼히 여길 때, 하나님의 사랑은 우리 것이 됩니다.

복이 있나니, 긍휼히 여기는 자여.
네가 베푼 자비는 결코 헛되지 않다.
하나님께서 친히 너를 긍휼히 여기실 것이다.

the Eight Greatest Blessings on Earth

여섯 번째 복

마음이 청결한 자는 복이 있나니
그들이 하나님을 볼 것임이요

마태복음 5장 8절
마음이 순수한 자들은 복이 있나니 그들이 하나님을 볼 것이기 때문이요
Blessed [are] the pure in heart: for they shall see God.

하나님은 인간의 물리적인 눈으로 볼 수 없는 존엄한 존재이십니다. 하나님은 인간 가시 영역 안에서 육신의 눈으로 분별하여 알아볼 수 있는 그런 분이 아닙니다. 빨간색의 영역으로부터 보라색의 색의 파장들이 만들어내는 눈에 보이는 영역 외에 비가시 영역은 조금도 분별하지 못하는 것이 우리 눈입니다. 그런데 여기 예수님께서는 우리가 하나님을 볼 수 있다고 말씀하십니다.

예수님께서 제안하는 방법은 오직 한 가지입니다. 마음이 깨끗한 것입니다. 어떤 불순물도 섞이지 않은 순전한 상태로 마음을 가다듬으면 하나님이 보인다는 것입니다. 예수님의 제안은 누군가에게는 평생에 불가능한 일입니다. 그러나 하늘을 사모하는 순례자에게 그것은 가능한 길일지도 모릅니다.

| 누구나 하나님을 볼 수 있는가?

인간의 시선은 분명 한계가 있습니다. 우리는 외모를 보고, 상황을 판단하며, 표면적으로 드러나는 것으로 세상을 읽으려 합니다. 하지만 하나님을 보는 눈은 그런 가시 영역만을 추구하는 세상의 눈과 다릅니다. 예수님께서는 말씀하십니다. "마음이 청결한 자는 복이 있나니 그들이 하나님을 볼 것임이요."

하나님을 볼 수 있다는 예수님의 약속은 복음서 전체를 통틀어 독특한 것입니다. 예수님의 제안은 신약성경 안에서 예수님께서 말씀하신 것들 가운데 가장 놀라운 약속입니다. 그러나 만일 우리가 하나님을 볼 수 있다면 그만한 영광이 없을 것입니다. 청결하면 볼 수 있다는 하나님의 모습입니다. 그렇다면, 청결한 마음이란 무엇일까요?

| 분열되지 않은 중심

헬라어 'καθαρός(카타로스)'는 '순수한, 섞이지 않은'이란 뜻입니다. 마음이 청결하다는 것은 죄가 없다는 완전함보다, 하나님 앞에서 분열되지 않은 마음, 혼합되지 않은 중심을 의미합니다. 청결한 마음은 두 주인을 섬기지 않습니다. 하나님의 뜻을 따르기를 원하는 순전한 열망에서 나옵니다. 이는 외적인 경건보다 내면의 정직함을 요구합니다.

그런데 그 청결함을 우리 마음이 담아내는 것이 가능할까요? 마음이라는 단어는 사실 우리말입니다. 성경이 말하는 마음은 주로 지적인 마음(mind)와 정서적 마음(heart) 둘을 이야기합니다. 그러나 여섯째 복에 나오는 마음은 인간의 지(知), 정(情), 의(意)를 포함한 전인적 마음이라고 보아야 할 것입니다. 인간이 온전한 인격이기 위해 품는 모든 영역에서 '분열하지 않고 흔들리지 않는 순수'를 품는 가운데 청결함은 실현되는 것입니다.

| 청결함은 곧 순수함을 말합니다

청결(淸潔)은 맑고 깨끗하다는 것을 의미합니다. 헬라어 'καθαρός(카타로스)'는 분명, 비혼합, 비화합, 비조합 등의 뜻을 가집니다. 그런데 '청결'이 말하는 깨끗함(cleaness)은 그저 잘 정돈된 상태를 말하는 것이 아닙니다. 청결함은 오히려 '순수함'(純粹, pure)을 말합니다. 불순물이 섞이지 않은 정한 상태를 의미하는 것입니다.

그러니 여기 예수님께서 말씀하신 마음이 청결하다는 것은 '마음이 순수하다'로 교정함이 바람직합니다. 하나님께로 향한 지식과 정서와 의지의 순수함이 우리로 하여금 하나님을 보게 한다는 말입니다. 만일 조금이라도 우리의 중심에 세상 정욕에 물든 흠이 있거나 야합이 있으면 우리는 하나님을 볼 수 없습니다.

| 마음의 순결한 사람들

다윗은 아마도 그 중심이 가장 순수한 사람일 것입니다. 다윗은 늘 이렇게 기도했습니다. "하나님이여, 내 속에 정한 마음을 창조하시고 정직한 영을 새롭게 하소서"(시 51:10). 그가 실수하거나 잘못을 저지르지 않았다는 말이 아닙니다. 그는 그가 가진 모든 것으로 그의 중심이 하나님을 향해 순전하기를 바랐던 사람입니다. 그는 실수했지만, 하나님 앞에 정직하게 나아가는 마음을 가졌습니다.

우리는 예수님께서 어린아이들의 순결함에 주목하고 계심을 기억해야 합니다. 예수님께서는 말씀하셨습니다. "어린 아이들과 같이 되지 아니하면 결단코 천국에 들어가지 못하리라"(마 18:2). 어린아이들은 사심 없이 열린 마음으로 주께 나아갑니다.

| 청결에 관한 깊은 묵상들

우리는 선진들의 청결한 마음에 관한 묵상에 주목해야 합니다. 우리의 성 어거스틴은 청결한 마음을 "하나님의 형상대로 회복된 인간의 상태"로 이해했습니다. 개혁가 칼뱅은 마음의 청결이란 "하나님 앞에서 정직하고 두 마음 품지 않는 자세"라고 강조했습니다.

오늘 우리의 스승 존 스토트는 이 복이 '행위의 도덕성'보다 '내면의 진실성'에 대한 것임을 상기시킵니다. 존 맥스웰(John Maxwell) 목사님도 이런 말을 남겼습니다. 마음의 청결함이란 "세상의 시선이 아닌, 하나님 한 분만을 바라보는 눈"입니다.

| 청결함은 하나님을 아는 지름길

하나님은 다만 인격이 순수할 때 마음으로만 볼 수 있습니다. 우리는 '본다'라는 말을 아주 다양하게 사용합니다. '맛본다', '냄새를 맡아본다', '먹어본다', '가본다', '와본다', '미루어본다' 등등 거의 모든 동사 어미에 '본다'를 붙여 '알아낸다'는 의미를 부여합니다.

우연한 일치일까요? 영어의 "see"는 '본다'라는 뜻보다 '알다'라는 뜻으로 더 많이 사용됩니다. "I see, I see"라고 한다면 '알았다, 알았다' 하는 뜻이 됩니다. 그러니 예수님께서 말씀하신 "하나님을 볼 것"이란 말은 '눈으로 본다는 뜻보다는 '마음과 인격으로 안다'라는 뜻이 더 부합합니다. 따라서 마음이 순수한 사람은 하나님을 알 것이란 뜻입니다. 마음이 청결한 사람은 나사렛 예수가 영으로 하나님의 본체이시다는 것을 알게 됩니다.

| 하나님을 보는 여정

순례자의 길은 종종 안개 속을 걷는 것 같습니다. 많은 유혹과 복잡한 선택지들이 눈을 흐리게 만듭니다. 어떤 길로 가야할지 알지 못합니다. 그러나 청결한 마음은 그 흐릿한 길을 바르게 분별하게 합니다. 하나님만을 똑바로 바라보는 것으로 가능한 것입니다.

순례자는 길 위에서 수없이 무너지고 흔들리지만, 다시 정직한 중심으로 돌아옵니다. 그는 세상의 정의나 성공보다, 하나님의 얼굴을 구하는 사람입니다. 그 길 끝에, 하나님을 보는 복이 기다리고 있습니다.

| 깨끗한 샘에서 흐르는 생명

청결한 마음은 내면 깊은 곳에서 솟는 깨끗한 샘과 같습니다. 그것은 말을 정결하게 하고, 시선을 정직하게 하며, 타인을 향한 태도를 부드럽게 만듭니다.

복이 있나니, 마음이 청결한 자여.
너는 하나님을 보게 될 것이다.
지금도, 그리고 영원 속에서도.
그분의 얼굴은 너를 향해 빛나고 있다.

the Eight Greatest Blessings on Earth

일곱 번째 복

화평케 하는 자는 복이 있나니
그들이 하나님의 아들이라 일컬음을 받을 것임이요

마태복음 5장 9절
화평케 하는 자들은 복이 있나니,
그들이 하나님의 아들이라 불릴 것이기 때문이다.
Blessed are the peacemakers:
for they shall be called the children of God.

세상은 분열과 대립으로 가득 차 있습니다. 각자의 옳음을 주장하고, 서로의 다름을 받아들이지 못한 채 상처가 깊어갑니다. 이런 세상에 오신 예수님께서는 말씀하십니다. "화평하게 하는 자는 복이 있나니 그들이 하나님의 아들이라 일컬음을 받을 것임이요." 대립하고 갈등하는 세상 사이, 다리가 되는 사람들에게 허락된 복을 말씀하신 것입니다.

이 복은 단순히 갈등을 피하는 '무난함'을 제안하지 않습니다. 예수님께서 말씀하신 복은 오히려 적극적으로 평화를 세우는 사명 실천을 의미합니다. 평화는 싸움이 없는 상태가 아니라, 누군가의 헌신과 노력으로 사랑과 정의가 회복되는 상태입니다.

'화평하게 하는 자'의 뜻 깊은 의미

'화평하게 하다'는 헬라어 'εἰρηνοποιοί(에이레노포이오이)'는 단순히 평화로운 사람이 아니라, 평화를 '만드는' 사람을 의미합니다. 이는 능동적이고 창조적인 행위를 포함합니다. 평화는 그저 다가오기를 기다리는 행위가 아니라 그것이 실현되기를 위한 적극적인 행위를 말하는 것입니다. 예수님께서 말씀하신 '화평하게 하다'라는 의미는 바로 여기에 초점이 있습니다.

여기 '화평'이란 단어는 영어로 'peace'인데, 헬라어로는 '에이레네'(εἰρήνη)라고 합니다. 구약의 히브리어로는 '샬롬(shalom)'이 됩니다. 이 두 단어는 성경 구약과 신약을 온전히 관통합니다. 하나님께서 그 관통을 주관하시고 예수님께서 그것을 실현하시며 성령님께서 그것을 온전히 이루십니다.

| 성경 속 화평의 사람들

성경은 온통 화평케 하는 사람들의 행진입니다. 아브라함은 조카 롯과의 다툼에서 먼저 양보하며 평화를 선택했습니다. 아브라함의 증손자 요셉은 자신을 팔았던 형제들을 보복하지 않고 오히려 용서하며 가족을 회복시켰습니다. 다윗의 친구 요나단은 사울의 지극한 의심과 불신 속에서 다윗과의 화친을 위해 맹렬히 노력했습니다.

바울은 어떠했습니까? 그는 예수님으로부터 이방인을 위한 사도로 부름받은 이래 이방인과 유대인 사이, 인간과 하나님 사이 복음으로 화평하게 되는 관계를 위해 수고했습니다.

| 예수님이야말로 화평의 사도이십니다

하나님께서는 외아들 예수님을 평강의 왕으로 보내셔서 십자가에 달려 화목제물이 되게 하셨습니다. 하나님과 죄인된 우리 사이 '평강을 만드신 자' 즉 'peace maker'는 예수 그리스도입니다. 그가 십자가에 달려 운명하실 때 성전의 휘장을 찢으시고 화목제물이 되신 것입니다.

그 구원의 감격을 체험했으니 우리도 'shalom maker'가 되어야 마땅합니다. 우리는 평화의 왕으로 오신 예수 그리스도를 통하여 평화의 아들이 되었습니다. 그러므로 평화를 만들어 가야 할 책임이 있습니다. 이 사명을 감당하는 자는 하나님의 자녀가 되는 복을 받게 됩니다.

| 용서와 화해의 영성

존 스토트(John Stott)는 화평케 하는 자는 "먼저 하나님과의 평화를 경험한 자"라고 말합니다. 헨리 나우웬(Henri J.M. Nouwen)은 하나님의 사람들이 스스로 '상처 입은 치유자'로서, 아픈 공동체에 화평의 기도를 드릴 수 있는 자가 되어야 한다고 말합니다. 그는 화평을 전하는 사람이야말로 진정 복된 자라고 했습니다.

20세기 갈등의 시대를 지나온 목사 헬무트 틸리케(Helmut Thilieke)는 참된 평화는 십자가를 피하지 않는 용기에서 비롯된다고 강조합니다. 그렇습니다. 평화는 대가를 치러야 하며, 고통 속에서 피어나는 꽃과 같습니다.

| 평강의 참 의미를 아십니까

성도는 샬롬(Shalom)의 번역어 '평강'(平康)의 참뜻을 바로 이해해야 합니다. 샬롬 즉, 평강은 하나님과 예수님과 예루살렘의 속성입니다. 성경은 무수히 많은 곳에서 '평강의 왕', '평강의 하나님', '평강의 예루살렘' 등을 기록해 두고 있습니다. 성경이 평강을 추구하는 것은 이유가 있습니다.

평강은 단순히 전쟁이 없는 평화의 뜻 이상의 높은 하나님 나라의 속성입니다. 지극히 높은 곳에서는 하나님께 영광이요 땅에서는 기뻐하심을 입은 자들에게 평화가 바로 샬롬(Shalom)입니다. 평화! 평화로다, 하늘 위에서 내려오네, 그 사랑의 물결이 영원토록 내 영혼을 덮으소서!

| **불안한 시대, 평강의 사도**

우리는 주목해야 합니다. 세상 나라들에는 언제나 화평과 불화가 공존하며 그 가운데 갈등과 불안이 난무합니다. 우리 사회는 모두가 평화를 갈망하면서도 끊임없이 갈등 가운데 대립하고 서로를 향한 폭력의 전쟁은 끝이 없습니다.

이 모든 것은 타락한 인간의 실존이 빚어내는 불행한 현실입니다. 타락한 인간은 근본이 이기적이므로 끝 없이 갈등, 불화, 대립과 전쟁을 일으키려 합니다. 그러나 우리는 그 모든 불안을 뚫어내고 화평케 하는 이의 소명을 다 해야 합니다. 하나님은 이 땅에서도 화평을 만들어 가기를 원하십니다. 아멘

| 순례자의 평화: 공동체를 품는 걸음

순례는 한 개인의 여정이지만, 그것은 결코 홀로 걷는 길이 아닙니다. 공동체와의 갈등은 순례의 걸음을 무겁게 만들 수 있습니다. 그러나 화평케 하는 자는 그 길 위에서 다툼을 중재하고, 용서를 이끌며, 진리를 사랑으로 전하는 자입니다.

홀로 순례의 길을 걷는 사람은 결국 갈등의 공동체를 품는 자입니다. 상처받은 이들과 함께 우는 자입니다. 하나님은 화평케 하고자 하는 마음으로 순례의 길을 나아가는 이들을 보시고 '내 아들, 내 딸'이라 부르십니다.

하나님의 아들로 불리는 복

세상은 평화를 말하지만 진정한 화해를 이루지 못합니다. 그러나 하나님은 평화 자체이신 예수 그리스도를 통해 우리를 부르셨고, 이제 우리도 그 평화를 전하는 자가 되어야 합니다.

복이 있나니, 화평하게 하는 자여.
너는 하나님의 자녀라 불릴 것이다.
너의 걸음마다 화해가 있고,
너의 말마다 생명이 있을 것이다.

the Eight Greatest Blessings on Earth

여덟 번째 복

의를 위하여 박해를 받은 자는 복이 있나니
천국이 그들의 것임이라

마태복음 5장 10절
의로 인하여 핍박받는 자들은 복이 있나니
하늘의 왕국이 그들의 것이기 때문이라.
Blessed [are] they which are persecuted for righteousness' sake:
for theirs is the kingdom of heaven.

하나님의 나라는 세상의 천국과 하늘의 천국으로 구분할 수 있습니다. 세상의 천국은 오늘을 살아가는 현세의 천국을 말하고, 하늘의 천국은 미래에 주어질 천국을 말합니다. 팔복 중 첫 번째와 마지막 여덟 번째의 복은 "천국이 그들의 것"이라고 말합니다. 천국을 받을 복이라고 말하는 것입니다.

현세의 지상 천국과 미래의 하늘 천국은 모두 하나님의 통치 아래 있습니다. 그러나 그 통치의 형태는 조금 다릅니다. 현세의 천국에는 환란과 핍박이 동반됩니다. 그런 가운데 누리는 천국입니다. 그러나 하늘의 완성된 천국에는 마귀의 활동이 없으므로 더 이상의 고난은 없습니다. 그곳은 평강만 가득합니다.

고난 속에 숨겨진 복

누가 고난을 복이라 부를 수 있을까요? 세상은 고난을 피해야 할 것으로 여기고, 박해는 실패나 불운의 징표처럼 여깁니다. 그러나 예수님은 말씀하십니다. "의를 위하여 박해를 받은 자는 복이 있나니 천국이 그들의 것임이요."

이 마지막 복은 팔복 전체를 감싸며, 하나님 나라 백성의 정체성과 그 길의 고난을 동시에 드러냅니다.

의를 위한 고난: 단순한 피해가 아닌 선택

여기서 말하는 '박해'는 단순한 불운이나 인간관계로 인한 결과적 피해를 의미하지 않습니다. 예수님의 제안에는 '의를 위하여'라는 전제가 붙습니다. 이는 하나님의 뜻과 정의, 진리를 따르려는 삶 때문에 받는 고난을 뜻합니다.

그래서 헬라어 'διωγμὸν(디오그몬)'은 체계적인 핍박이나 지속적인 괴롭힘을 뜻합니다. 믿음을 지키는 삶이 세상과 충돌할 때, 그 고난은 오히려 복의 자리로 변모합니다.

| 고난의 의미

예수님께서 "의를 위하여"라고 한 것은 '하나님의 의를 위하여', '하나님의 뜻을 위하여', '하나님 나라의 의지를 위하여'라는 뜻이 담겨 있습니다. 이는 곧 '믿음의 삶을 위하여'라고도 할 수 있습니다.

결국 팔복에서 말하는 의는 하나님의 뜻이요 하나님의 말씀입니다. 모든 인생은 하나님의 말씀을 따라 순종하고 순종의 과정에서는 불이익을 받게 될 수도 있습니다. 이렇게 주를 위하여 불이익을 받는 것을 핍박 혹은 박해라 표현했습니다.

| 성경 속 박해 받은 사람들

히브리서 11장은 믿음으로 살다가 고난받은 자들을 기록합니다. 선지자들, 사도들, 그리고 초대 교회의 성도들까지. 그들은 진리를 전하다 조롱받고, 옥에 갇히고, 죽임을 당했습니다.

"어떤 이들은 더 좋은 부활을 얻고자 하여 심한 고문을 받되 구차히 풀려나기를 원하지 아니하였으며 또 어떤 이들은 조롱과 채찍질뿐 아니라 결박과 옥에 갇히는 시련도 받았으며 돌로 치는 것과 톱으로 켜는 것과 시험과 칼로 죽임을 당하고 양과 염소의 가죽을 입고 유리하여 궁핍과 환난과 학대를 받았으니"(히 11:35~37).

| 박해받는 다는 것은

박해를 받는다는 것은 천국 시민의 법규를 따름으로 세상에서 당하는 제약과 고난을 말합니다. 성도는 이중 시민권자이므로 평안과 박해 사이 이중생활이 주어집니다. 여기서 중요한 것은 "의를 위하여"란 구절입니다. 단순히 "박해를 받은 사람은 복이 있다"라 하지않고 "의를 위하여 박해를 받은 사람이 복이 있다." 하였습니다.

성도는 일반 다른 사람들과 구별된 생활을 하므로 박해를 받는다는 사실을 설명하여 주는 것입니다. 그리고 우리에게 가장 소중한 것은 천국 시민이 되어야 한다는 점을 강조하였습니다.

| **통찰: 고난의 신비**

누구보다 고난의 상황에 노출되었던 목사 본회퍼는 『나를 따르라』에서 "그리스도께서 부르실 때, 그는 죽으라고 부르신다"고 했습니다. 그는 하나님을 믿고 예수를 따르는 신앙은 편안함이 아닌, 십자가를 지는 삶임을 일깨워줍니다.

또, 존 스토트는 "십자가 없는 복음은 복음이 아니다"라고 단언합니다. 박해는 그리스도를 닮아가는 정체성의 일부이며, 하나님 나라 백성의 삶에서 결코 분리될 수 없습니다.

| 고난: 진리를 향한 걸음

믿음으로 걷는 순례의 길은 그저 편안한 꽃길이 아닙니다. 때로는 조롱당하고, 오해받고, 외로움 속에 놓일 수 있습니다. 그러나 그 길 위에서 '의를 위하여' 박해를 받는다면, 그것은 주님과 동행하는 증거입니다.

순례자는 고난 속에서도 물러서지 않습니다. 그는 진리를 붙잡고, 사랑으로 반응하며, 주의 손을 놓지 않습니다. 고난은 그를 천국의 방향으로 이끄는 바람이 됩니다. 그래서 순례길은 좁은 길이어서 힘들고 박해가 도사리고 있는 길이지만, 시온의 대로가 열려있는 기쁨과 소망이 넘치는 영생의 길입니다.

하늘의 위로를 품은 자들

오늘을 순례하듯 신실한 신앙의 길을 걷는 이들에게는 고난과 핍박, 박해와 시련이 예고되어 있습니다. 이제 그 길에 발을 디디고 있다면 담대하십시오. 오늘 순례의 길이 고난의 길이라면 주께서 약속하신 천국의 복을 소망하십시오. 이제 그 고단한 길을 마무리하고 있다면 하나님을 찬양하십시오.

복이 있나니, 의를 위하여 박해를 받은 자여.
너의 고난은 헛되지 않다. 천국은 네 것이다.
이 땅에서는 눈물일지라도,
하늘에서는 영광이 될 것이다.

the Eight Greatest Blessings on Earth

Epilogue

지상 최대의 복을 묵상한 이들을 위한
예수님의 실천 제안: 소금과 빛

에필로그

지상 최대의 복을 묵상한 이들을 위한
예수님의 실천 제안: 소금과 빛

마태복음 5장 13~16절
너희는 세상의 소금이니
소금이 만일 그 맛을 잃으면 무엇으로 짜게 하리요
후에는 아무 쓸데 없어 다만 밖에 버리워 사람에게 밟힐 뿐이니라
너희는 세상의 빛이라 산위에 있는 동네가 숨기우지 못할 것이요
사람이 등불을 켜서 말 아래 두지 아니하고 등경 위에 두나니
이러므로 집안 모든 사람에게 비취느니라
이같이 너희 빛을 사람 앞에 비취게 하여
저희로 너희 착한 행실을 보고
하늘에 계신 너희 아버지께 영광을 돌리게 하라

Ye are the salt of the earth:
but if the salt have lost his savour, wherewith shall it be salted?
it is thenceforth good for nothing, but to be cast out,
and to be trodden under foot of men.
Ye are the light of the world.
A city that is set on an hill cannot be hid.
Neither do men light a candle, and put it under a bushel,
but on a candlestick; and it giveth light unto all that are in the house.

예수 그리스도께서 산상수훈에서 팔복을 선포하신 직후, 제자들에게 주신 말씀은 이렇게 시작됩니다. "너희는 세상의 소금이라", 그리고 "너희는 세상의 빛이라." 이 두 말씀은 단순한 비유가 아닙니다. 팔복의 복을 받은 자들이 세상 속에서 감당해야 할 정체성과 사명을 드러내는 선언입니다.

무엇보다 중요한 점은 예수님이 "소금이 되라", "빛이 되라"고 명령하신 것이 아니라, "너희는 소금이다, 너희는 빛이다"라고 단언하셨다는 점입니다. 이는 복음을 받은 자의 존재 자체가 이미 그 역할을 내포하고 있음을 말합니다. 소금이 존재하면서 짠맛을 내지 않으면 쓸모없는 것처럼, 성도가 복음을 따르되 행실이 없다면 버려질 수밖에 없다는 경고도 함께 주어졌습니다.

| 소금의 사명: 부패를 막고, 맛을 내며, 생명을 살리다

예수님께서 말씀하신 "세상의 소금"이라는 표현은 헬라어 원문으로 보면 단순히 사회를 의미하는 것이 아니라 '지구의 소금'(the salt of the earth)이라는 전 우주적 시야를 담고 있습니다. 이는 성도가 단지 공동체 내부에서만이 아니라, 세상 전체를 위한 존재라는 것입니다.

소금은 짠맛을 냅니다. 짠맛은 생명체가 살아가는 데 필수적인 자극이며, 음식의 본래 맛을 살려주는 요소입니다. 성도는 세상 속에서 정직함과 기쁨, 생동감 있는 행실로 맛을 더하는 존재입니다. 또한 소금은 부패를 방지합니다. 타락해가는 사회, 혼탁한 공동체 속에서 성도의 존재는 썩어가는 것을 막는 방부제와 같습니다. 나아가 소금은 생명의 기능 유지에 필수적인 요소입니다. 나트륨과 염소 이온은 우리 몸의 순환, 흡수, 소화에 없어서는 안 될 기본 물질입니다. 곧, 성도의 삶은 이 세상이 기능하도록 돕는 은밀하고도 핵심적인 존재라는 뜻입니다. 그러나 그 소금이 맛을 잃으면 어떻게 될까요? "밖에 버려져 사람에게 밟히리라"는 이 말씀은 경고입니다. 팔복의 복을 받았어도, 행함이 없는 믿음은 죽은 믿음이며, 결국 천국의 백성으로서의 자격을 상실할 수 있다는 무서운 말씀입니다.

| 빛의 사명: 드러내고, 비추고, 생명을 낳다

"너희는 세상의 빛이라." 여기서도 예수님은 '빛이 되라'고 명령하지 않고, '이미 빛이다'라고 선언하십니다. 성도는 하나님으로부터 빛을 받아 반사하는 자입니다. 하나님은 발광체라면, 우리는 반사체입니다.

빛은 첫째, 어둠을 밝힙니다. 하나님의 창조 세계는 빛으로 시작되었으며, 그 빛이 있어야 만물이 보이고 질서가 잡힙니다. 둘째, 빛은 에너지이며 생명을 유지하는 원천입니다. 생물학적 기능뿐 아니라 영적 기능에서도, 성도는 하나님의 빛을 반사하여 영혼을 살리는 에너지가 됩니다. 셋째, 빛은 드러내는 역할을 합니다. 등불은 말 아래 숨겨둘 수 없습니다. 마땅히 등경 위에 올려져 집 안 사람 모두를 밝히는 존재가 되어야 합니다.

예수님은 말씀하십니다. "이같이 너희 빛이 사람 앞에 비치게 하여 그들로 너희 착한 행실을 보고 하나님께 영광을 돌리게 하라." 성도의 선한 행위는 자기 과시가 아니라, 하나님께 영광을 돌리는 도구가 되어야 합니다.

| 존재와 행위의 일치: 팔복과 소금과 빛의 연결

팔복은 하나님 나라 백성의 존재의 복입니다. 그 존재는 곧 소금과 빛의 역할을 요구합니다. 복을 받았기에 사명을 감당해야 하며, 사명을 감당할 때 복의 실체가 드러납니다. 다시 말해, 소금과 빛은 팔복을 받은 자의 영적 자연스러움입니다.

이 책이 전하는 팔복의 여덟 길은, 결국 소금과 빛으로 살아가는 길입니다. 심령이 가난한 자는 자기중심적 욕망을 버리고, 애통하는 자는 세상과 이웃을 위한 슬픔을 품으며, 온유한 자는 자기를 내려놓고 하나님을 의지합니다. 긍휼히 여기는 자, 청결한 자, 화평하게 하는 자, 의를 위해 고난받는 자, 모두는 빛을 품은 자이며 무너진 세상에서 그 빛을 지키는 사람들입니다.

| 세상의 소금, 우주의 빛으로

성경 원어에서 '세상'은 단순히 지구적 범위를 넘어서 '코스모스(κόσμος)', 우주 전체를 뜻하기도 합니다. 그러므로 성도의 정체성은 지구적 사명에 머무르지 않고 우주적 책임으로 확장됩니다.

하나님의 형상을 따라 지음 받은 인간, 그중에서도 복음을 따라 사는 성도는 빛의 반사체요, 생명 보존의 도구입니다. 이 사명은 개인적 차원을 넘어 시대적, 사회적, 우주적 차원으로 확장됩니다.

빛을 감추지 맙시다. 소금의 맛을 잃지 맙시다. "너희는 세상의 소금이라. 너희는 세상의 빛이라." 이 말씀은 단순한 은유가 아닙니다. 그것은 예수님의 선언이며, 성도의 존재 선언입니다.

복을 받은 자들이여, 이제 소금으로 살고 빛으로 비추며, 하나님의 나라를 이 땅 위에 드러냅시다.

the Eight Greatest Blessings on Earth

부록

『지상 최대 여덟 가지 복』과 함께 걷는
기점·소악도 열두사도 순례길 안내

『지상 최대 여덟 가지 복』과 함께 걷는 기점·소악도 열두사도 순례길 안내

임병진

'열두 사도 순례 길'을 품은 소악교회 담임목사
사단법인 한국 순례길 상임이사
'열두 사도 순례길' 영성 리더
증도 이야기 『천국의 섬』, 『문준경에게 인생의 길을 묻다』 저자
『순례자의 섬, 섬티아고 12사도 순례길 이야기』 저자

전재규 장로님의 책 출간 소식을 듣고 감사했고 기뻤다. 의사로서, 교계의 지도자로서, 장로님의 깊고 깊은 영성을 '그 길의 동반자'로 삼을 수 있게 되었으니 말이다. 한결같은 마음으로 하나님을 사랑하시고, 깊은 영성으로 예수님 십자가의 의미를 새기며 늘 기도하시는 장로님의 한마디 한마디는 값지다.

장로님의 『지상 최대 여덟 가지 복』은 기점·소악도 열두 사도 길을 위한 책이다. 이 책은 병풍도로부터 이어지는 대기점도와 소기점도 그리고 소악도와 진섬으로 연결되는 열두 사도 순례길의 동반자이다. 삶의 깊이와 넓이를 더하고자 길을 나서 여기 기점도와 소악도로 왔다면 열두 사도 길 중간중간 이 책 『지상 최대 여덟 가지 복』을 묵상하며 걷기를 권한다.

| 송도로부터 송공항으로

1. 기점·소악도 열두 사도 순례길은 무안의 끝자락 증도로 가는 길에 있는 송도 선착장으로부터 시작된다. 순례자는 솔섬이라고 불리는 송도에서 병풍도로 가는 배를 타고 들어와 순례길을 준비한다. 병풍도는 아름다운 섬이다. 가을이 시작되는 시점에 병풍도에 들르면 맨드라미 꽃밭이 한껏 펼쳐진 아름다운 섬을 만날 수 있다. 그렇지만 거기 병풍도가 순례길이 시작되는 곳은 아니다. 열두 사도 순례길은 병풍도를 가로 질러 대기점도로 가는 노둣길에서 시작된다.

2. 병풍도 노둣길을 지나 대기점도에 들어서면 거기서 열두 사도 순례길이 본격적으로 시작된다. 순례자들은 이 섬에서 지도자의 마음을 묵상하는 베드로의 집과 동행하는 삶의 가치를 배우는 안드레의 집, 힘과 권력의 의미가 무엇인지를 고민하는 야고보의 집, 그리고 사랑의 가치와 깊이를 배우는 요한의 집을 들러 자기 계산에 물들어 살다 돌아선 사람 빌립의 집을 순례하게 된다.

3. 이어서 순례자는 작은 노둣길을 넘어서 소기점도에 들어서게 된다. 그리고 거기서 한땀 한땀 삶을 이어가는 인생의 의미를 묵상하

는 바돌로매의 집을 지나, 의심 속에서 질문을 던진 사람 도마의 집을 거치고, 마침내 소기점도와 소악도 사이 노둣길 한가운데 놓인 변화의 사람 마태의 집을 순례하게 된다. 이때 마태의 집을 순례할 때는 노둣길에 물이 들어차 두려움을 경험하기도 한다.

4. 소기점도를 지난 순례자는 이제 열두 사도길에서 가장 아름다운 소악도에 들어서게 된다. 소악도에서 순례자는 작고 겸손한 삶을 묵상하는 작은 야고보의 집을 지나, 진섬에 이르러 찬양하고 예배하는 삶을 세우는 유다 다대오의 집 그리고 세상과 사회와 나라를 살피는 시몬의 집을 순례한다. 여기서 열두 사도 순례길은 외딴 곳, 딴섬에 떨어져 있는 가롯유다의 집을 남겨두게 된다. 그리고 물때를 잘 만나 딴섬에 들어갈 수 있게 될 경우 가롯유다의 집에서 덧없는 죽음, 자살에 대한 고민과 묵상을 나누게 된다.

5. 기점·소악도 여행을 마친 순례자는 소악도 선착장으로 가서 거기서 목포 송공으로 가는 배를 타고 돌아갈 수 있다. 자차로 순례길을 다닐 경우에는 소악도로 와서 거기 차를 두고 대기점도로 걸어가 차례로 순례 여행을 하는 것이 좋다.

| 열두 사도 순례길의 묵상

1. 기점·소악도 열두 사도길은 치열하게 살아가는 현대인들에게 잠시 자기를 돌아볼 기회를 제공한다. 그 길에서 순례자는 예수님의 열두 사도들을 기념해 지은 집들을 거치며 삶에 관한 여러 주제들을 마주하게 된다. 그리고 이제껏 생각지 못했던 깊이와 넓이로 나아가는 지혜를 얻게 된다. 열두 사도길은 현대인들에게 둘도 없는 지혜와 명철을 회복하는 순례길이다.

2. 만일 그 길에 동반자가 필요하다면 그것은 사람은 아닐 것이다. 순례자는 기점도와 소악도 곳곳 굽이굽이 이어지는 길들 끝에서 앞서 사명과 순례의 길을 걸어간 열두 사도들을 만나게 될 것이다. 그렇잖아도 기점·소악도에는 이미 바람과 새와 파도 그리고 구불구불 이어진 길이라는 멋진 동반자들이 순례자를 기다리고 있다.

3. 그러나 진정 깊이 있는 순례길을 원한다면 전재규 장로님의 이 책을 미리 준비해 보는 것이 좋다. 이 책은 예수님께서 제자들에게 삶의 도리를 가르치신 가운데 그 시작, 팔복(八福, the Beatitudes)에 관한 것이다. 이미 팔복의 길은 걸은 제자들과 만나며 예수님의 팔

복의 가르침을 묵상하는 것은 파도와 바람과 새소리 가득한 기점도와 소악도 순례길을 더없이 의미있게 만들어 줄 것이다.

| 잠시 소악교회에 들러

기점도와 소악도를 돌아 열두 사도길을 보다 깊고 풍성한 안내로 순례하고 싶다면 소악도에서 작은교회를 섬기고 있는 임병진 목사를 만나보는 것이 좋다. 임병진 목사는 스스로 영성과 문화사역 가운데로 뛰어든 이래 한국교회의 독보적인 문화사역자, 순례사역자로 서 있다. 그가 살며 사역하는 소악도교회는 그의 순례길이 얼마나 깊고 깊은지를 보여준다. 그의 안내는 <지상 최대의 복>과 함께 열두 사도길을 여행하는 순례자들에게 등불이 되어줄 것이다.

기점도와 소악도 열두 사도 순례길 안내 문의:
임병진 목사, 010-4247-4714

팔복의 삶을 살아가는
이 땅의 모든 순례자들을 위하여